Ruth Rensing

Spitzen-Collagen

TOPP

Frech-Verlag Stuttgart

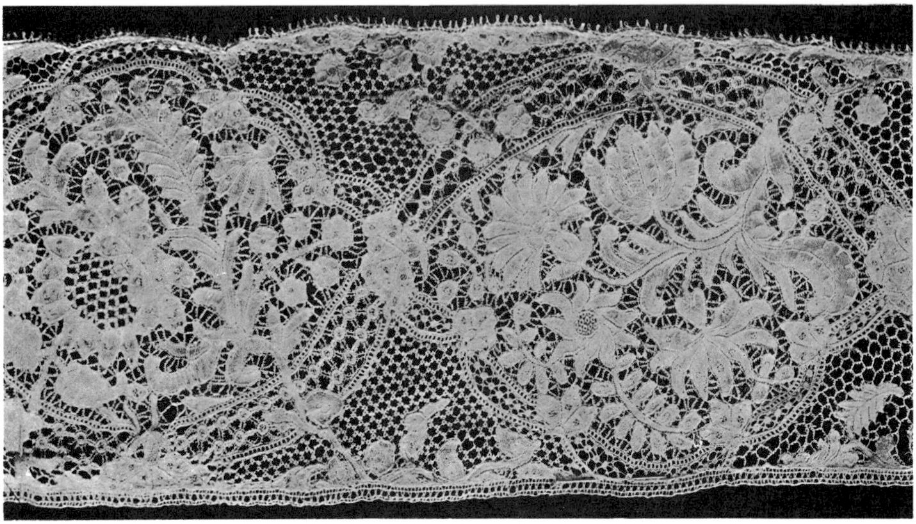

Brüsseler Klöppelspitzen

Venezianische Nadelspitzen

Spitzenähnliches kannte man schon im alten Ägypten und in Peru. Doch bei uns kamen die sich mit künstlerischen Handarbeiten beschäftigten Frauen erst im Mittelalter mit ihren Netzarbeiten der Spitze ziemlich nahe. Die Geburt der Spitze selbst liegt etwa in der zweiten Hälfte des 16. Jahrhunderts.

Obwohl die beiden ersten Modellbücher, 1525 in Zwickau und 1527 in Köln erschienen, ist die Spitze keine deutsche Erfindung. Vermutlich entstand die Spitzentechnik gleichzeitig in den Niederlanden und in Italien.

Durch die Spitze wurde das Klöppeln beliebt. Selbst hochstehende Damen, besonders aber auch die Nonnen in den Klöstern, klöppelten mit Eifer. Zudem wurde es ein so willkommener Broterwerb, daß 1590 Philipp II. in den Niederlanden das Klöppeln verbieten wollte, weil niemand mehr bereit war, sich als Dienstbote zu verdingen.

Das Spitzenklöppeln wurde in Sachsen durch die aus Flandern kommenden Arbeitskräfte bekannt, dort begann man auch 1560 mit der Herstellung von Borten.

Parallel dazu entwickelte sich die Nadelspitze, die man in Italien treffend „Luftstich" nannte. Durch die Verschmelzung beider Techniken entstand eine Spitze, bei der die Hauptlinien geklöppelt sind, wobei die Verbindung durch die Nadel erfolgt.

Im Laufe des 16. Jahrhunderts wurden überall Spitzen hergestellt. Doch die schönsten kamen aus den Niederlanden. Dort gab es den feinsten Flachs, die besten Bleichen, außerdem war der Faden an Feinheit und Glanz nicht zu übertreffen. Selbst die Engländer mußten den Leinenfaden aus Holland beziehen.

Das 17. und 18. Jahrhundert wurde das goldene Zeitalter der Spitze. Beide Geschlechter trugen sie verschwenderisch an Leibwäsche und Kleidern. So soll Karl I. von Englang einmal 1000 Ellen Spitzen als Hemdgarnitur für Kragen und Manschetten und 600 Ellen für seine Nachthemden gekauft haben. Beliebt waren auch die breiten Spitzenkragen der Herren. So konnte es geschehen, daß Gustav Adolf auf einem Ball in Augsburg spontan seinen breiten Spitzenkragen abnahm und der Ballkönigin als besondere Huldigung umlegte.

Wie teuer diese Spitzenmode war, zeigt der Ausspruch eines französischen Höflings, der mit Stolz darauf hinwies, daß er um den Hals den Wert von 32 Morgen bestem Weinbergland trage.

Die Nachfrage nach Spitzen war so groß, daß allein in der Isle de France 1634 in mehr als 10000 Familien die Kinder mit Klöppeln beschäftigt waren.

Am meisten begehrt war im 18. Jahrhundert die Brüsseler Spitze. Sie hatte nicht nur den allerfeinsten glänzenden Leinenfaden, sondern auch die schönsten Muster. Der Grund wurde geklöppelt oder genäht, was die Spitzen haltbarer machte.

Seit 1832 verdrängte der Baumwollfaden den Leinenfaden, und seit 1837 werden Spitzen maschinell hergestellt. Doch wer es sich leisten konnte, bevorzugte nach wie vor die Handspitze. So sah man auf der Weltausstellung 1867 noch eine Spitzenrobe von Alençonspitzen, an denen 40 Frauen 7 Jahre gearbeitet hatten.

Bertha von Jurie schrieb in ihrem 1907 erschienenen Buch über Spitzen und ihre Charakteristik: „Nichts kleidet die Frau jeden Alters besser und lieblicher als die Spitzen. Nichts aber auch ist in der Arbeit selbst so symbolisch weiblich, wie dieser schönste und edelste Schmuck, dessen Anfertigung hingebende Geduld und rastlosen Fleiß erheischt."

Materialien zur Herstellung von Spitzencollagen

Herstellen der Collagen im Metallrahmen

Material:
Tüll oder Marquisette (erhältlich in Gardinen- und Stoffgeschäften),
Metallringe (in Bastelläden),
Spitzen, Häkel-, Okki- und Klöppeldeckchen (in Handarbeitsgeschäften und Kaufhäusern),
Weißkleber, Fixativ, Hautscheren und Perlgarn.

Collagen können Sie frei gestalten oder nach einer Skizze arbeiten.
Reihen Sie Tüll (oder Marquisette) an einen Metallring, umstechen ihn mit Perlgarn, wie auf der Abbildung zu sehen ist. Die Skizze schieben Sie unter eine Plastikfolie und legen darauf den bespannten Rahmen, da Sie den durchdringenden Leim immer wieder wegwischen müssen. Von der Skizze würde er sich schlechter entfernen lassen.
Ihrem Entwurf entsprechend schneiden Sie nun mit einer feinen Schere Motive aus dem vorhandenen Spitzenmaterial aus. Aus Blumenblättern entstehen Schmetterlinge, Vogelgefieder, ein stolzer Schwan. Größere Bogen werden zu Wellen und kleinere zu fliegenden Vögeln, Häkel- oder Okki-Deckchen zu Blumen, Verbindungsstege zu Ranken. Sie können einfach alles verwerden.
Ausgeschnittene Motive kleben Sie mit Weißleim auf, der nach dem Trocknen glasklar wird, drücken mit einem Tuch an und wischen überschüssigen Leim weg.
Nach einigen Tagen besprühen Sie Ihr hoffentlich gelungenes Werk mit Fixativ. Bilder im Metallrahmen hängen Sie ins Fenster oder an die Wand.

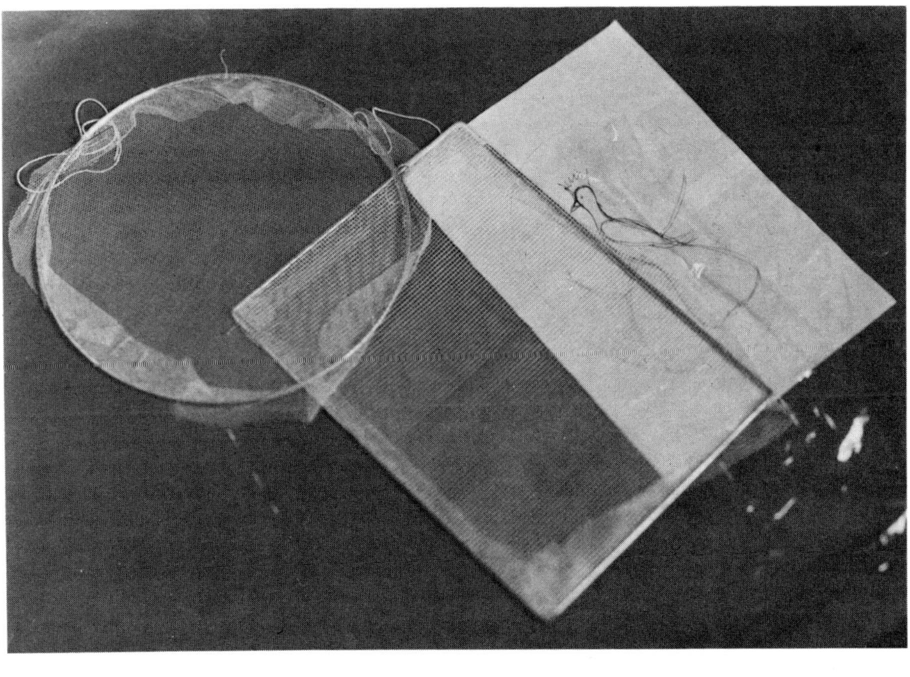

Silberhochzeit

Material:
Rahmen, 45 cm ∅,
Tüll, weißes Perlgarn, Spitze, Weißkleber, Fixativ.

Für diese reizvollen Spitzen-Collagen können Sie auch Vorhandenes verwenden: alte Gardinen z. B. oder Spitzen aus Großmutters Truhe.

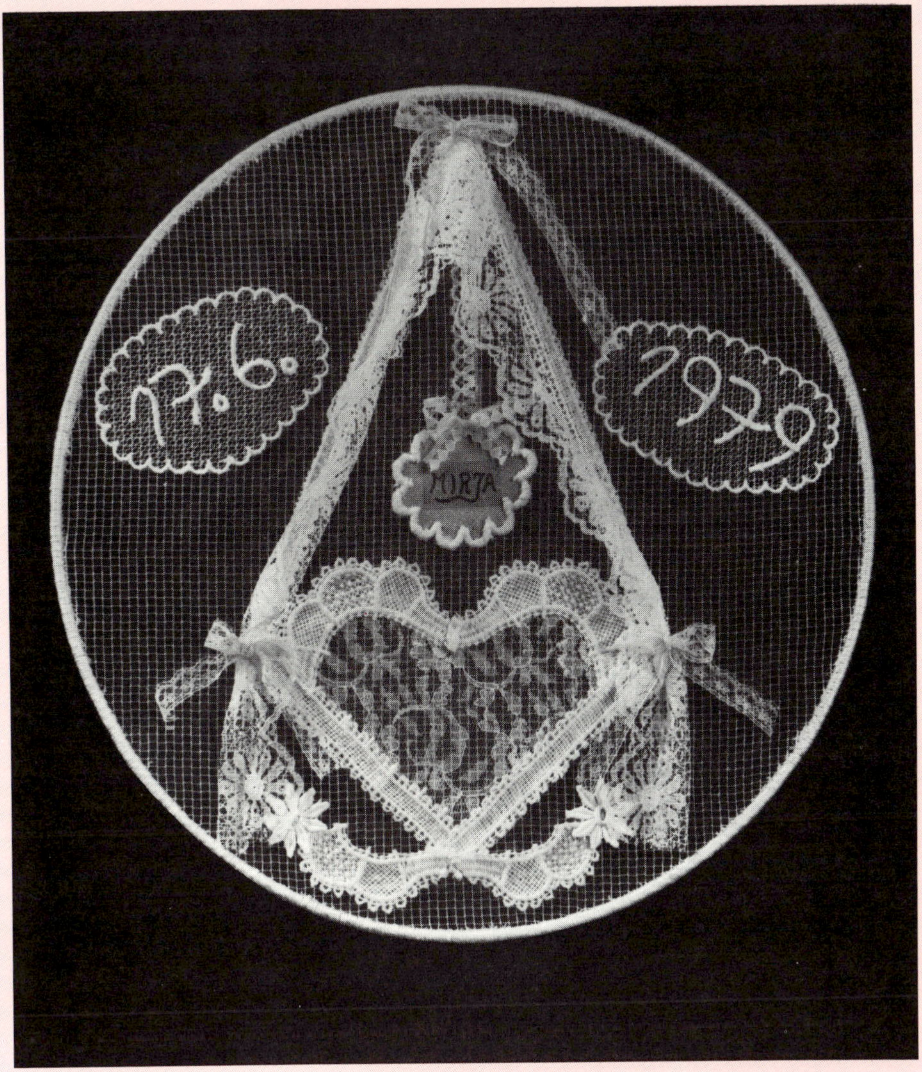

Wiege

Material:
Metallreifen, 35 cm ∅,
Marquisette, Spitze, Tüll, Weißkleber, Fixativ.

Diese Wiege arbeitete meine Schwiegertochter Helga für ihre Nichte Mirja.

Sonnenblume ecru

Material:
Rahmen, 60 × 20 cm,
Tüll, Spitze ecru,
Weißkleber, Fixativ.

Den Tüll färbte ich mit schwarzem Tee und beklebte ihn mit ecrufarbener Spitze.

Mädchen mit Beutel

Material:
Rahmen, 40 cm ∅,
Marquisette, Spitze,
weißes Perlgarn,
Weißkleber, Fixativ.

Vogelbaum

Material:
Rahmen, 30 × 60 cm,
Tüll, weißes Perlgarn,
Spitze, Weißkleber,
Fixativ.

Eule auf Architektentüll
Material: Rahmen 50 × 60 cm, Klöppelspitzen maschinell.

Schäfer

Material:
Rahmen, 50 cm ∅,
Tüll, weißes Perlgarn, Spitze, Weißkleber, Fixativ.

Die Sonne besteht aus einem Teil eines Häkeldeckchens.

Mühle

Material:
Rahmen, 45 cm ∅,
Tüll, weißes Perlgarn, Spitze, Weißkleber, Fixativ.

Diese hübschen Fensterbilder aus vorhandenen Spitzen sind genau das Richtige für alle, die den üblichen Handarbeitstechniken abhold sind.

Hahn

Material:
Rahmen, 35 cm ∅,
Tüll, weißes Perlgarn, Spitze, Weißleim, Fixativ.

Pfau

Material:
Rahmen, 30 × 40 cm,
Marquisette, weißes Perlgarn, Spitze, Weißkleber, Fixativ.

Zwei Pfauen im Spitzenrahmen

Material:
2 Holzleisten, Tüll, Spitze, Weißkleber, Fixativ.

Die Pfauen wurden nach der Fertigstellung mit einer Spitze umrandet.
Auf die Rückseite des Bildes klebte ich oben und unten eine Holzleiste.

Blumen

Material:
Rahmen, 50 × 60 cm, Tüll, weißes Perlgarn, Spitze, Weißkleber, Fixativ.

Hier wurden die Blumen teilweise aus Häkel- und Okki-Deckchen geklebt.
Die Stiele kleben Sie aus den abfallenden Rändern der Spitzen.

Störche

Material:
Rahmen, 40 cm ∅,
Marquisette, weißes Perlgarn, Spitze, Weißkleber, Fixativ, Stoffmalfarbe.

Ranken, Schnabel und Beine wurden mit schwarzer Stoffmalfarbe bemalt.
Die schwarzen Federn habe ich aus der Spitze eines Unterkleides geschnitten.

Pfau

Material:
Rahmen, 30 × 40 cm,
Spitze, Marquisette, weißes Perlgarn, Weißkleber, Fixativ.

Harlekin

Material:
Rahmen, 50 × 60 cm, weißes Perlgarn, Spitze, Marquisette, Weißkleber, Fixativ.

Die weißen Teile habe ich aus Gardinenspitze geschnitten, die schwarzen Teile aus der Spitze eines Unterkleides.

Schmetterlinge

Material:
3 Rahmen 10 × 10 cm, Tüll, weißes Perlgarn, Spitze, Weißkleber, Fixativ.

Mädchen mit Blume

Material:
Rahmen, 40 cm ∅, weißes Perlgarn, Spitze, Marquisette, Weißkleber, Fixativ.

Das Röckchen wurde aus einem bestickten Stoff gefertigt, der (an der Taille) gekräuselt und auf ein Bändchen aufgeklebt wurde.

Schmetterling

Material:
Rahmen, 35 cm ∅,
Tüll, weißes Perlgarn, Spitze, Weißkleber,
Fixativ.

Zwei Schwäne

Material:
Rahmen, 40 × 30 cm,
Marquisette,
weißes Perlgarn, Spitze,
Weißkleber, Fixativ.

Herstellen der Puttenbilder

Besorgen Sie sich einen Rahmen mit der passenden Pappe oder Holzplatte (erhältlich in Handarbeits- und Bastelläden).
Bestreichen Sie die Ränder der Pappe mit Kleber, legen Sie den Stoff auf, spannen und drücken Sie ihn an. Danach legen Sie Tüll auf den Stoff und kleben ihn ebenso an den Rändern an.

Auf diese Unterlage kleben Sie nun die Putte, Sternchen, Blumen usw.
Fertigen Sie die Putte nach obenstehender Zeichnung und nach der Beschreibung „Engel" auf Seite 30 an.
Nach der Fertigstellung, vor dem Einrahmen, besprühen Sie Ihr Werk mit Fixativ.

Putten in schwarzen Rahmen

Material:
ovale oder runde Rahmen, schwarzer Stoff, Tüll, weiße Spitze, Weißkleber, Fixativ.

Putten im Goldrahmen

Material:
Ovaler Rahmen
(erhältlich in Handarbeits- und Bastelgeschäften),
brauner Stoff,
Tüll,
Spitze ecru,
Weißkleber, Fixativ.

Spitzen müssen nicht immer weiß sein! Zu Buntes entfärben Sie, Weißes färben Sie dezent, oder aber Sie bemalen Ihre fertige Spitzen-Collage.

Spiegel mit Engel

Engel mit Blumenranke

Material:
Rahmen, 40 cm ∅,
Tüll, weißes Perlgarn, Spitze, Weißkleber, Fixativ.

Fertigen Sie zuerst den Engel an.
Dazu schieben Sie die Skizze unter eine Plastikfolie und legen darauf einen Rest Tüll.
Zeichnen Sie nun mit der Klebertube die Konturen des Engels nach und legen Sie darauf eine Kordel, die Sie aus den abfallenden Rändern der Spitzenborte schneiden. Drücken Sie die Kordel an und lassen sie trocknen.
Damit sich der Körper des Engels deutlich abhebt, kleben Sie auf die Rückseite 2 bis 3 Schichten Tüll.
Nach dem Trocknen müssen die Ränder sauber abgeschnitten werden.
Erst jetzt kleben Sie den Engel auf den bespannten Rahmen und dekorieren ihn nach Ihren Vorstellungen.

Engel mit bunten Blumen

Material:
Rahmen, 40 cm ∅,
Tüll, weißes Perlgarn, Spitze, Weißkleber, Fixativ, Stoffrest mit bunten Blumen.

Die Blumen schneiden Sie entweder aus einem geblümten Stoffrest aus oder bemalen die aus Spitze ausgeschnittenen Blumen mit Stoffmalfarben.

Herstellen der Bilder mit bunten Stoffen und Spitzen

Material:
Rahmen, dicke Pappe oder Holz, Weißkleber, bunte Stoffreste, Spitzen, Fixativ.

Fertigen Sie sich zuerst eine flüchtige Skizze an. Aus Ihren Stoffresten kleben Sie nun den Untergrund.

Bei dem Bild „Vogelteich" klebte ich zunächst blauen Rips und daran in der Form des Teiches einen grünen Blümchenstoff.

Jetzt haben Sie schon den ersten Schritt getan und können Ihrer Phantasie freien Lauf lassen und passende Motive aus den Spitzen ausschneiden.

Bevor Sie die einzelnen Teile, die Sie nach ihrer Skizze schneiden, aufkleben, legen Sie die ausgeschnittenen Teile auf den Untergrund und prüfen, ob alles Ihren Vorstellungen entspricht. Sie haben jetzt noch alles offen, wenn Änderungen vorgenommen werden müssen.

Nach vorgenommenen Korrekturen werden die einzelnen Teile mit wenig Weißkleber aufgeklebt und mit einem Tuch angedrückt. Vorsicht bei einfarbigen Stoffen, damit keine Kleberflecken entstehen!

Nach dem Trocknen geben Sie der Collage einen Schutzfilm aus Fixativ.

Herrenhaus und „Schloß"

Bei diesen Bildern stellte ich zuerst die Häuser her.
Auf den einfarbigen Stoff klebte ich die Ränder, Verbindungsstege, Bogen, kurz gesagt die Überbleibsel meiner Spitzen, die mich zur Herstellung dieser Bilder überhaupt inspiriert haben. So entstanden Fenster, Türen, Bogen, Türme und Treppen mit Geländer.
Auf die Holzplatten in der Rahmengröße klebte ich für den Himmel hellblauen und für den Park geblümten Stoff als Untergrund. Nachdem das Schloß und das Herrenhaus ihren Platz hatten, klebte ich sie auf diesen Untergrund.
Erst jetzt ließ ich Bäume und Sträucher wachsen. Der Rand eines zerschnibbelten ovalen Deckchens regte mich zum Bauen eines Schwanenteiches an.
Zum Abschluß möchte ich Ihnen nochmals sagen: lassen Sie sich von dem vorhandenen Material anregen! Sie können die kleinsten Reste verarbeiten. Jede Spitze, jeder Stoff ist anders. Meine Anregungen und Ihre Phantasie, Freude und Geduld lassen Werke entstehen, die einmalig und nicht nachgemacht sind und die Sie anspornen zu weiterem schöpferischen Gestalten.

Fertigstellen der Fensterbilder im Holzrahmen

Material:
Holzrahmen (erhältlich in Handarbeits-, Bastel- und Gardinenfachgeschäften), Spitzen in weiß oder ecru, Tüll oder Marquisette.

Streichen Sie den Rahmen auf der Rückseite mit Kleber ein, legen Sie die Marquisette auf, spannen Sie diese und drücken Sie an.
Die Ränder schneiden Sie sauber ab und überkleben sie mit einem braunen Band.
Dann können Sie das Bild mit Spitzen nach Ihrer Wahl gestalten.
Nach dem Trocknen sollte das Bild mit Fixativ eingesprüht werden.

Schwan

Material:
Holzrahmen, Marquisette, Spitze, Weißkleber, Fixativ, braunes Band.

Pfau

Material:
Holzrahmen,
Marquisette, Spitze,
Weißkleber, Fixativ,
braunes Band.

Flamingo

Material:
Holzrahmen,
Marquisette, Spitze,
Weißkleber, Fixativ,
braunes Band.

Blumenkorb

Material:
Holzrahmen, Marquisette, Spitze, Weißkleber, Fixativ, braunes Band.

Diese Holzrahmen stellt man auf die Fensterbank als Sichtschutz.

Mädchenkopf

Material: Goldrahmen, 26 × 20 cm, Spitze, Rips, Tüll.
Bekleben Sie eine starke Pappe oder Holzplatte mit Stoff.
Der Kopf wird in der gleichen Weise gefertigt wie der Engel auf S. 30.

Vogel auf buntem Stoff

Material:
Rahmen, 19 × 19 cm,
bunter Stoff, Spitze,
Weißkleber, Fixativ.

Eule

Material:
Rahmen, 19 × 19 cm
(erhältlich in
Handarbeits- und
Bastelläden),
Schülertuch ecru,
Spitze,
braune Batikfarbe.

3 Bilder
Schmetterlinge
1 Aschenbecher

Material:
3 kleine Aschenbecher,
1 großer Aschenbecher,
(erhältlich in
Handarbeitsgeschäften),
Schülertuch ecru,
Pappe, Weißkleber,
Spitzen, Stoffmalfarbe,
Borstenpinsel,
Samtband.

Die 3 kleinen Aschenbecher habe ich mit einem Samtband versehen. Dadurch entsteht ein schöner Wandschmuck.

Herstellen der Lampenschirme

Material:
Lampenschirmgestell, Kaschierfolie, Rupfen, Seide oder Leinen, Spitze, Fransen, Weißkleber, PVC Kleber, Fixativ.

Schneiden Sie die Kaschierfolie in der Größe des Lampenschirmgestells mit ca. 2 cm Zugabe für die Naht zu. Ziehen Sie das Schutzpapier ab, legen den Stoff gleichmäßig auf und drücken Sie ihn an, damit keine Luftblasen entstehen.

Denken Sie daran, den Stoff mit einem Klebesaum zuzuschneiden, der oben und unten nach innen geschlagen und vorsichtig mit PVC-Kleber angeleimt wird. Die mit Stoff beklebte Folie legen Sie um das Gestell und kleben die Naht mit PVC-Kleber zusammen. Den oberen und unteren Rand versehen Sie mit Borten und Fransen.
Jetzt können Sie den Lampenschirm nach Ihren Vorstellungen und mit Ihren Spitzenvorräten verzieren.
Nach Fertigstellung besprühen Sie Ihr hoffentlich gelungenes Werk mit Fixativ.

Telefonregister

Material:
Register (erhältlich in Schreibwarengeschäften), Spitze, Weißkleber, Fixativ.

Bilder im Goldrahmen und schwarzen Rahmen

Material:
Rahmen (erhältlich in Handarbeits- und Bastelläden), grüner Duvetine, Tüll, Spitze, Fixativ.

Bild Vögel mit Blumen

Material:
Rahmen, starke Pappe oder Brett, Schülertuch ecru, Spitzen, Weißkleber, Fixativ, Stoffmalfarbe, Borstenpinsel.

Geburtstag-Kalender

Material:
Rahmen (erhältlich in Handarbeits- und Bastelläden),
Schülertuch ecru, Spitzen, Weißkleber, Fixativ, Stoffmalfarbe, Borstenpinsel.

Bekleben Sie Pappe mit dem Schülertuch; nach dem Trocknen kleben Sie die Spitze auf, die Sie vorher mit Stoffmalfarbe gefärbt haben.

Glückwunschkarten

Material:
Tonpapier in verschiedenen Farben, Spitzen, Weißkleber.

Fotoalbum mit Gräsern

Material: Fotoalbum, Spitzen, Weißkleber.

Spandosen und Geschenkanhänger

Material:
Spandosen, Holzherzen, Stoffreste oder Filz, Spitzen, Weißkleber, Fixativ, Kordeln.

Bekleben Sie die Teile zuerst mit Stoff oder Filz. Nach dem Trocknen verzieren Sie die einzelnen Stücke nach Ihren Wünschen mit Spitzenmotiven.
Umkleben Sie die Herzen mit einer Kordel.

Osterstrauß mit Eiern

Material:
Ausgeblasene Hühnereier, Plastikeier, Holzspieße, Buchsbaum, Weidenkätzchen, Batikfarbe, Spitze, Holzstäbchen, grünes Kreppband, Weißkleber, Fixativ.

Ausgeblasene Hühnereier oder Plastikeier werden mit Batikfarbe gefärbt, auf Holzspieße gesteckt, die vorher mit grünem Kreppband umwickelt werden.
Nun können Sie die Eier mit feinen Spitzenmotiven verzieren.

ISBN 3-7724-0415-4 · Best.-Nr. 717 © 1980
frech-verlag GmbH + Co. Druck KG Stuttgart
Druck: Frech, Stuttgart